# Das Ultimative *Gorilla* Buch für Kids

100+ Fakten über Gorillas, Photos, Quiz & Mehr

Copyright © 2022 by Jenny Kellett

**Das Ultimative Gorillabuch für Kids**
www.bellanovabooks.com

ISBN: 978-619-7695-46-5
Paperback
Bellanova Books

Alle Rechte vorbehalten. Kein Teil dieses Buches darf ohne schriftliche Genehmigung des Autors in irgendeiner Form elektronisch oder mechanisch vervielfältigt werden, auch nicht durch Fotokopieren, Aufzeichnen oder Speichern und Abrufen von Informationen.

# Inhalt

Einleitung ................................. 4
Gorillas: Die Grundlagen ..................... 6
Westlicher Gorilla .......................... 18
    *Westlicher Flachlandgorilla* ......... 21
    *Cross River Gorilla* ................. 24
Östlicher Gorilla ........................... 28
    *Östlicher Flachlandgorilla* .......... 31
Berggorilla ................................. 35
Geburt bis zum Erwachsenenalter ........ 38
Ihr tägliches Leben ......................... 46
Berühmte Gorillas .......................... 56
Die Zukunft der Gorillas ................... 64
Andere lustige Fakten ...................... 70
Gorilla-Quiz ................................. 76
    Antworten ............................. 81
Wortsuche .................................. 82
*Quellen* ................................... 85

# Einleitung

Gorillas sind eine der beliebtesten Kreaturen der Welt. Sie sind nicht nur niedlich, sondern haben auch faszinierende Ähnlichkeiten mit Menschen.

In diesem Buch erfahren wir mehr über die größten Primaten der Welt - lustige Fakten über ihre Lebensweise, ihre Ernährung und ihren Lebensraum, aber auch über die Gefahren, denen sie ausgesetzt sind.

Am Ende kannst du dein Wissen im Gorilla-Quiz testen. Bist du bereit? *Los geht's...!*

# Gorillas: Die Grundlagen

## Was sind Gorillas und wo leben sie?

Gorillas sind Menschenaffen. Menschenaffen sind eine Familie von Primaten, die acht verschiedene lebende Arten umfasst: **Pongo** (der Borneo-, Sumatra- und Tapanuli-Orang-Utan), **Gorilla** (östlicher und westlicher Gorilla), **Pan** (der gewöhnliche Schimpanse und der Bonobo) und **Homo** (wir - Menschen!).

...

Gorillas sind die größten lebenden nicht-menschlichen Primaten.

**Ein Berggorilla genießt einen Snack in Uganda.**

Es gibt zwei Arten von Gorillas: **westliche** und **östliche** Gorillas. Und innerhalb dieser zwei Arten gibt es zwei Unterarten. Wir werden uns jede dieser Arten kurz ansehen.

...

Gorillas leben in den tropischen Wäldern Zentralafrikas südlich der Sahara.

...

Gorillas teilen zwischen 95 und 99 Prozent ihrer DNA mit Menschen! Schimpansen und Bonobos sind jedoch noch enger mit uns verwandt.

*DAS ULTIMATIVE GORILLABUCH*

Gorillas sind riesig! Sie können bis zu 1,8 Metergroß werden und wiegen zwischen 100 und 270 Kilogramm.

• • •

Gorillas leben in Gruppen, die als **Trupps** oder **Band** bezeichnet werden.

• • •

Jeder Trupp hat einen Anführer, der **Silberrücken** genannt wird.

• • •

Der Silberrücken trägt viel Verantwortung. Er schützt seine Gruppe vor Raubtieren, vermittelt Konflikte und entscheidet, was sie jeden Tag tun und wohin sie gehen.

In freier Wildbahn leben Gorillas zwischen 35 und 40 Jahren. In Gefangenschaft leben sie zwischen 40 und 50 Jahren.

Der älteste Gorilla aller Zeiten war ein Westlicher Flachlandgorilla namens Fatou, der im Berliner Zoo lebte. Sie war 62 Jahre alt.

...

Das Wort "Gorilla" stammt von dem antiken Entdecker Hanno dem Seefahrer, der im heutigen Sierra Leone vermeintlich haarige Frauen entdeckte. Das altgriechische Wort für haarige Frauen ist Γόριλλαι, oder "gorillai".

...

Schimpansen, Menschen und Gorillas hatten vor 7 Millionen Jahren einen gemeinsamen Vorfahren. Danach haben sie sich zu dem entwickelt, wie wir sie heute kennen.

Vor und nach der letzten Eiszeit gab es nur eine Gorillaart.

• • •

Die Hände und Füße von Gorillas sind unseren sehr ähnlich. Ihre Finger und Daumen bewegen sich auf die gleiche Weise und sie können damit Dinge greifen.

• • •

Eine Person, die Gorillas und andere Primaten studiert, wird **Primatologe** genannt.

• • •

Erwachsene männliche Gorillas haben einen grauen Rücken, daher der Name „Silberrücken". Je älter sie sind, desto heller und ausgeprägter wird das Grau.

Junge männliche Gorillas werden „Schwarzrücken" genannt, weil sie noch kein graues Fell haben.

...

Es gibt keinen besonderen Namen für weibliche Gorillas.

...

Gorillas sind unglaublich klug. Viele Gorillas in Gefangenschaft haben gelernt, die Zeichensprache zu verwenden, um mit Menschen zu kommunizieren.

...

Schauen wir uns jetzt die verschiedenen Arten und Unterarten der Gorillas genauer an.

# WESTLICHER GORILLAS

*Gorilla gorilla*

Der westliche Gorilla ist die am weitesten verbreitete Art. Sie wurden erstmals 1847 von dem amerikanischen Naturforscher Thomas Savage beschrieben und offiziell anerkannt.

Es gibt zwei Unterarten des westlichen Gorillas: den **Westlichen Flachlandgorilla** und den **Cross-River-Gorilla**. Beide Arten des westlichen Gorillas sind akut vom Aussterben bedroht.

**Bereich des Westlichen Gorillas (beide Arten).**

*Quelle: IUCN Rote Liste bedrohter Arten*

**Ein weiblicher und ein junger Westliche Flachlandgorilla.**

Foto von Greg Hume

# WESTLICHER FLACHLANDGORILLA

*Gorilla gorilla gorilla*

Westliche Flachlandgorillas sind die kleinste Gorillaart. Sie leben in den Regenwäldern und Sümpfen Zentralafrikas.

Da sie an sehr abgelegenen Orten leben, weiß niemand genau, wie viele von ihnen in freier Wildbahn existieren. In den letzten 20-25 Jahren schätzt man, dass die Population der westlichen Flachlandgorillas um 60 % zurückgegangen ist.

Gorillas sind nicht immun gegen Krankheiten. Während der Ebola-Krise, im Jahr 2002-2003, starben viele Westliche Flachlandgorillas an Ebola. In einem Schutzpark sank der Bestand von 377 auf 38 Gorillas. Aufgrund dieses Ausbruchs wurde die Art von gefährdet auf stark gefährdet eingestuft.

Wenn du jemals einen Gorilla in einem Zoo gesehen hast, war es höchstwahrscheinlich der Westliche Flachlandgorilla, da keine andere Art in einem Zoo gehalten werden kann. Es gibt nur sehr wenige Ausnahmen.

Sie haben kleinere Ohren und breitere Köpfe als andere Arten. Zusätzlich besitzen sie auch gräuliches Haar mit kastanienbraunen Bäuchen.

# CROSS-RIVER-GORILLA
## *Gorilla gorilla diehli*

Cross-River-Gorillas leben in den Wäldern und Bergen entlang der Grenze zwischen Kamerun und Nigeria. Sie haben ihren Namen vom Cross River, wo sie leben. Sie sind die westlichsten und nördlichsten Gorillas und leben etwa 300 km von der nächsten Population westlicher Flachlandgorillas entfernt.

Der Cross-River-Gorilla wurde erst im Jahr 2000 offiziell als eigenständige Unterart anerkannt. Er ist der seltenste Menschenaffe der Welt. Leider gibt es heute nur noch schätzungsweise 250 erwachsene Cross-River-Gorillas.

**Ein Cross-River-Gorilla im Primate Sanctuary Reserve, Kamerun.**

Foto von Fkamtoh

Nyango, der einzige bekannte Cross-River-Gorilla in Gefangenschaft. Sie starb am 10. Oktober 2016. Foto von Julie Langford

Im Vergleich zum Westlichen Flachlandgorillas haben sie ein kleineres Maul und einen kürzeren Kopf - sind aber ansonsten in Größe und Gewicht sehr ähnlich.

Cross-River-Gorillas leben normalerweise in Trupps von 4 bis 7 Tieren - mit einer Mischung aus Männchen und Weibchen.

Es ist nicht viel über die Cross-River-Gorillas bekannt. Aber im Jahr 2020 haben Naturschützer mehrere erwachsene und junge Cross-River-Gorillas auf Kamera festgehalten, was Hoffnung für ihre Zukunft gibt.

# ÖSTLICHE GORILLAS

*Gorilla beringei*

Es gibt zwei Unterarten der östlichen Gorillas: den **Östlichen Flachlandgorilla** und den **Berggorilla**. Sie sind akut vom Aussterben bedroht und ihre Zahl nimmt jedes Jahr ab.

Es gibt nur einen Zoo außerhalb ihres natürlichen Verbreitungsgebiets, der einen östlichen Gorilla in Gefangenschaft hält — den Zoo von Antwerpen in Belgien.

*Bereich des Östlichen Gorillas* Quelle: *IUCN Rote Liste bedrohter Arten*

**Ein Östlicher Silberrücken Flachlandgorilla im Kahuzi-Biega-Nationalpark.** *Foto von Joe Mckenna*

# ÖSTLICHER FLACHLANDGORILLA
*Gorilla beringei graueri*

Der östliche Flachlandgorilla ist auch als Grauergorilla bekannt. Er kommt in freier Wildbahn nur in den tropischen Regenwäldern der Demokratischen Republik Kongo vor. Schätzungsweise 3.800 östliche Flachlandgorillas leben in freier Wildbahn, viel weniger als die Westlichen Flachlandgorillas. Seit Mitte der 1990er Jahre ist ihre Zahl um 50 Prozent zurückgegangen.

Von allen Unterarten des Gorillas ist der Östliche Flachlandgorilla der Größte. Er hat ein sehr dunkles, schwarzes Fell, das dem des Berggorillas ähnelt. Sein Haar ist auf dem Kopf und am Körper kürzer.

Obwohl schwer zu unterscheiden, haben Östliche Flachlandgorillas größere Hände, stämmigere Körper und kürzere Nasen als andere Gorillaarten.

Östliche Flachlandgorillas sind sehr sanfte und gesellige Kreaturen. Sie leben normalerweise in Trupps mit 2 bis mehr als 30 anderen Gorillas.

Die Ernährung eines Flachlandgorillas unterscheidet sich deutlich von der eines Berggorillas. Etwa 20 % ihrer Nahrung besteht aus Früchten, der Rest aus Pflanzen.

Neben Wilderei und Lebensraumverlust ist eine der größten Bedrohungen für den Östlichen Flachlandgorilla die Buschfleischjagd, bei der die oft armen Einheimischen wilde Tiere zur Ernährung jagen.

Ein Baby des östlichen Flachlandgorillas im Kahuzi-Biega-Nationalpark.
*Foto von Joe Mckenna*

Ein männlicher Berggorilla.

# BERGGORILLA
*Gorilla beringei beringei*

Es gibt zwei Populationen des Berggorillas: Eine Gruppe lebt in den Virunga-Vulkanbergen in Zentralafrika, die andere im Bwindi Impenetrable National Park in Uganda. Sie leben in Wäldern, meist in Höhen zwischen 2400 und 4000 Metern.

Es gibt nur noch etwa 1063 Berggorillas in freier Wildbahn und sie sind als gefährdete Art eingestuft.

Sie sind kleiner als der Östliche Flachlandgorilla und da sie in einem kühleren Klima leben, ist ihr Fell viel dicker und wärmer.

Berggorillas sind tagaktiv, was bedeutet, dass sie den größten Teil des Tages mit dem Fressen verbringen und nachts schlafen.

Rund 80 Prozent der Nahrung der Berggorillas besteht aus Zweigen und Blättern, da es in den großen Höhen nicht viel Obst zu fressen gibt. Sie lieben es jedoch zu fressen und verbringen etwa ein Viertel ihres Tages damit!

Weiblicher Berggorilla mit ihrem Säugling.

# Von der Geburt bis zum Erwachsenenalter

Lass uns mehr über das frühe Leben von Gorillas erfahren.

Baby-Gorillas werden **Säuglinge** genannt.

• • •

Bei der Geburt sind Säuglinge kleiner als Menschen. Sie wiegen zwischen 1,4-1,8 kg und 3 kg.

• • •

**Die Tragzeit** (wie lange sie schwanger sind) eines weiblichen Gorillas beträgt etwa 8,5 Monate.

Ein junger Gorilla in der Demokratischen Republik Kongo.

Obwohl sie kleiner als Menschen sind, wachsen sie viel schneller als wir. Mit 12 Jahren sind sie bereits ausgewachsen.

・・・

Mütter und Säuglinge bleiben etwa fünf bis sechs Monate lang sehr eng beieinander.

・・・

Schon mit acht Wochen beginnen sie zu spielen und herumzuspringen.

・・・

Mit etwa drei Monaten beginnen sie, Gegenstände zu halten und sich mehr zu bewegen. Mit acht Monaten entfernen sie sich weiter von ihrer Mutter und werden abenteuerlustiger.

Säuglinge trinken die Milch ihrer Mutter, bis sie etwa drei Jahre alt sind.

• • •

Mit etwa 2,5 Monaten fangen sie an, einige Pflanzen zu fressen, und in den nächsten Monaten werden sie immer mehr davon fressen.

• • •

Sobald die jungen Gorillas auf eigene Faust auf Entdeckungsreise gehen können, werden sie normalerweise von ihren Geschwistern oder anderen Jungtieren begleitet.

Silberrücken wissen oft nicht, welche
Jungtiere ihnen gehören, da es oft mehrere
Silberrücken und Weibchen in einer
Gruppe gibt, doch sie helfen trotzdem bei
der Versorgung der Kinder.

• • •

Weibliche Gorillas gebären normalerweise
alle vier Jahre.

• • •

Die meisten Gorillas bringen nur ein Junges
zur Welt. Zwillinge können vorkommen,
das ist aber sehr selten.

Wenn sie jung sind, kann es schwer sein, die Männchen und Weibchen zu unterscheiden. Doch wenn die männlichen Gorillas älter werden, beginnen sich ihre grauen Rücken zu bilden. Die Männchen bekommen ihren Silberrücken mit etwa 13 Jahren.

# Ihr tägliches Leben

## Was machen Gorillas den ganzen Tag?

Gorillas gehen vierseitig, was bedeutet, dass sie alle vier Gliedmaßen zum Gehen verwenden. Sie gehen auf ihren Knöcheln, was ihnen hilft, das Gewicht ihres Kopfes und Rumpfes zu tragen.

...

Gorillas können menschliche Emotionen wie Traurigkeit und Zuneigung gegenüber anderen zeigen.

Männlicher Berggorilla in Uganda.

Weiblicher Berggorilla mit ihrem Säugling.

Gorillas sind hauptsächlich Pflanzenfresser, das heißt, sie fressen Pflanzen und Blätter. Hin und wieder fressen sie aber auch Insekten wie Ameisen.

• • •

Gorillas sind große Kreaturen, also brauchen sie viel Nahrung. Männliche Gorillas können bis zu 30 kg pro Tag fressen, während Weibchen 18 kg fressen können.

• • •

Gorillas sind territorial und Trupps können problemlos im selben Gebiet leben. Wenn sich ein Silberrücken jedoch bedroht fühlt, kann er gewalttätig werden, um seine Trupps zu verteidigen.

Gorillas pflegen sich regelmäßig gegenseitig, um die Bindung zwischen ihnen zu verbessern. Es ist ein wichtiger Teil ihrer Sozialisierungsroutine.

...

Jeden Tag bauen Gorillas ein neues Schlafnest, in dem sie in der Nacht schlafen. Jeder Gorilla baut sein eigenes Nest, außer die Jungtiere, die bei ihren Müttern bleiben.

...

2005 wurden Gorillas dabei beobachtet, wie sie einen Stock benutzten, um die Tiefe eines schlammigen Gewässers zu messen. Das zeigt, wie intelligent sie sind - auch in freier Wildbahn, weit weg von menschlichem Einfluss.

Gorillas haben ihre eigene Sprache.
Sie verwenden eine breite Palette
verschiedener Laute, um miteinander zu
kommunizieren.

...

Auch wenn Filme wie King Kong den
Eindruck erwecken, dass Gorillas
aggressiv sein können, gehören sie zu den
friedlichsten Wildtieren. Selbst wenn sie
mit einer Gefahr konfrontiert werden,
versuchen sie, das Problem ruhig zu lösen,
bevor sie aggressiv werden.

Junge Berggorillas.

# Berühmte Gorillas

Es gibt Hunderte von Gorillas, die in Musik, Fernsehsendungen, Filmen und Büchern vorkommen. Sie sind eine sehr beliebte Figur! Werfen wir also einen Blick auf ein paar der berühmtesten Gorillas.

*Magilla Gorilla* war eine fiktive Figur in der gleichnamigen Zeichentrickserie. Die Serie stammt vom selben Schöpfer wie die Familie Feuerstein. In einer Nachfolgeserie namens Familie Feuerstein und Freunde hat Magilla Gorilla einen Auftritt.

**Ein Plakat für den King Kong-Film von 1942.**

Zwei der berühmtesten fiktiven Gorillas sind King Kong und Mein großer Freund Joe. Der letzte King Kong-Film wurde im März 2021 veröffentlicht: *Godzilla vs. Kong*, aber es gibt noch Dutzende anderer Filme, die du dir ansehen kannst, wenn du willst.

*DAS ULTIMATIVE GORILLABUCH*

**Magilla Gorilla.**

*Urheberrechte © Hanna Barbara*

Das Maskottchen der Pittsburg State University ist ein Gorilla. Sie ist die einzige öffentliche Hochschule in den USA, die ein Gorilla-Maskottchen hat.

• • •

Auch das Maskottchen des NBA-Teams Phoenix Suns ist ein Gorilla.

• • •

Tony O'Shea, ein berühmter britischer Dartsspieler, hat den Spitznamen "Silberrücken", weil er in die Hocke geht, wenn er an der Reihe ist!

DAS ULTIMATIVE GORILLABUCH

**Koko, der Gorilla,** wurde 1971 im Zoo von San Francisco geboren. Sie war einer der berühmtesten Gorillas der Welt. Sie erkannte über 2.000 gesprochene englische Wörter und 1.000 Symbole der "Gorilla-Zeichensprache" - ungefähr so viel wie ein dreijähriges Kind.

...

Koko, der Gorilla, traf vor ihrem Tod 2018 viele Berühmtheiten, darunter Robin Williams, Leonardo DiCaprio und Sting.

**Koko mit einer ihrer Hauskatze, Ms. Gray.** *Urheberrechte © The Gorilla Foundation.*

Der Film "Gorillas im Nebel" aus
dem Jahr 1988 handelt von der
Gorillaschutzaktivistin Dian Fossey. Es
ist ein wunderschöner Film, der der Welt
mehr über Gorillas beigebracht hat.

## Die Zukunft der Gorillase

**Von Wilderei bis Ebola, Leben ist hart für Gorillas.**

Es gibt nur noch etwa 200.000 Gorillas in freier Wildbahn, was sie zu einer der am meisten gefährdeten Affenarten macht.

• • •

Alle Gorillaarten sind entweder gefährdet oder vom Aussterben bedroht.

*DAS ULTIMATIVE GORILLABUCH*

**Westlicher Flachland-Silberrückengorilla.**

Der Mensch ist die größte Bedrohung für Gorillas. Die Zerstörung ihrer Lebensräume und die Wilderei führen dazu, dass ihre Zahl immer weiter zurückgeht.

...

Zum Glück gibt es viele Naturschutzorganisationen, die sich für die Gorillas einsetzen, um sie vor dem Aussterben zu bewahren.

...

*Das Great Apes Survival Project* wurde 2001 gegründet und hat bereits das Gorilla-Agreement gegründet, ein internationales Abkommen zum Schutz der Gorillapopulationen.

Als die Menschen begonnen haben, die Berge zu bebauen, wurden die Berggorillas gezwungen, höher zu ziehen, wo es kälter und gefährlicher ist.

• • •

Es gibt viele Möglichkeiten, wie du zum Schutz der Gorillas beitragen kannst. Organisationen wie der Virunga-Nationalpark und der WWF bieten dir die Möglichkeit, Gorillas gegen eine geringe monatliche Gebühr zu adoptieren. Das gesamte Geld fließt in ihre Schutzbemühungen. Und natürlich ist es auch eine großartige Möglichkeit zu helfen, indem du in den sozialen Medien oder persönlich auf die Probleme der Gorillas aufmerksam machst!

# Andere lustige Fakten

Mehr Gründe, Gorillas zu lieben.

Gorillas haben einzigartige Nasenabdrücke, genau wie Menschen einzigartige Fingerabdrücke besitzen!

...

Gorillas sind **neophobisch**. Das bedeutet, dass sie selbst auf kleinste Veränderungen in ihrer Umgebung sehr empfindlich reagieren.

**Der Weltgorillatag** wird jedes Jahr am 24. September gefeiert.

• • •

Im Zoo von Atlanta wurde 2020 eine Gorilla-Ostereiersuche veranstaltet. Sie versteckten Eier aus Wackelpudding und andere leckere Snacks, die die Westlichen Flachlandgorillas finden sollten.

Warum gibt es östliche und westliche Gorillas? Der Kongo-Fluss ist der wahrscheinlichste Grund, da er die Lebensräume der beiden Arten trennt.

...

Gorillas haben keine Schwänze.

...

Gorillas trinken selten Wasser. Stattdessen beziehen sie ihr Wasser aus den Pflanzen, die sie fressen.

In Ländern wie Uganda und Ruanda ist es möglich, Gorillas in freier Wildbahn auf geführten Wanderungen zu sehen. Diese werden jedoch stark überwacht, damit du ihnen nicht zu nahe kommst, da sie dies stressen würde.

...

Der durchschnittliche Gorilla ist etwa sechsmal so stark wie ein durchschnittlicher Mensch. Da sie ihren Oberkörper zur Fortbewegung nutzen, sind ihre Muskeln sehr stark.

Gorillas fressen gelegentlich Erde und Asche, da dies die Verdauung unterstützt.

• • •

Berggorillas haben eine natürliche Angst vor einigen Insekten und Reptilien! Junge Gorillas springen beispielsweise auf, wenn sie ein Chamäleon sehen. Das ist etwas, das Wissenschaftler immernoch verwirrt.

# Gorilla-Quiz

Teste jetzt dein Wissen in unserem Gorilla-Quiz! Antworten findest du auf Seite 81.

1. Wie nennt man eine Person, die Primaten studiert?

2. Wie werden junge männliche Gorillas genannt?

3. Wie viele verschiedene Arten von Primaten gibt es?

4. Kannst du die verschiedenen Arten und Unterarten des Gorillas benennen?

5. Wie werden Baby-Gorillas genannt?

**Ein junger männlicher Berggorilla.**

**6** Wie nennt man eine Gruppe von Gorillas?

**7** Wo kannst du östliche Flachlandgorillas finden?

**8** Welche ist die kleinste Gorillaart?

**9** Wie oft bekommen weibliche Gorillas Kinder?

**10** Gorillas können menschliche Gefühle zeigen. Richtig oder falsch?

**11** Was ist die größte Bedrohung für Gorillas?

**12** Wie lautet der wissenschaftliche Name des westlichen Gorillas?

**13** Wie alt war Fatou, der älteste bekannte Gorilla, als sie starb?

**14** Wie nennt man den männlichen Anführer einer Gorillatruppe?

**15** Wie lange leben Gorillas in freier Wildbahn?

**16** Berggorillas sind tagaktiv. Was bedeutet das?

**17** Gorillas bauen jede Nacht ein neues Schlafnest. Richtig oder falsch?

**18** Wie viel Prozent der Nahrung des Berggorillas besteht aus Obst?

**19** Welches Datum ist der Welt-Gorilla-Tag?

**20** Gorillas trinken gerne aus Flüssen. Richtig oder falsch?

# Antworten:

1. Primatologe.
2. Schwarzrücken.
3. Acht.
4. Westlicher Gorilla (Cross River Gorilla und westlicher Flachlandgorilla); östlicher Gorilla (östlicher Flachlandgorilla und Berggorilla).
5. Säuglinge.
6. Trupps oder Band.
7. In den tropischen Regenwäldern der Demokratischen Republik Kongo.
8. Westlicher Flachlandgorilla.
9. Normalerweise alle vier Jahre.
10. Richtig!
11. Der Mensch.
12. *Gorilla gorilla*.
13. 62 Jahre alt.
14. Ein Silberrücken.
15. Etwa 25-30 Jahre.
16. Sie sind am Tag wach und schlafen in der Nacht.
17. Richtig.
18. 20%.
19. 24. September.
20. Falsch. Sie trinken selten Wasser.

# Gorilla Wortsuche

```
G W D S A Z B T R S V Ö
W O D S A Ö C E C Ä X W
A F R I K A Q S R U D E
R E W I D S Ö C X G Ä S
E Ä S A L C D Ü Z L R T
Ü Q Ä D S L C E V I E L
R E P R I M A T E N W I
T Ö D S A S W H D G A C
R W Ö S T L I C H E R H
G R E S A S Z Ö V R F E
Ä E F K I N G K O N G R
S I L B E R R Ü C K E N
```

Kannst du alle Wörter unten im Wortsuchrätsel links finden?

| AFRIKA | PRIMATEN | WESTLICHER |
| GORILLA | SÄUGLINGE | ÖSTLICHER |
| BERG | SILBERRÜCKEN | KING KONG |

*DAS ULTIMATIVE GORILLABUCH*

# Lösung

|   |   |   |   |   |   | B |   | S |   |   |
|---|---|---|---|---|---|---|---|---|---|---|
| G |   |   |   |   |   |   |   |   |   |   |
|   | O |   |   |   |   | E |   | Ä |   | W |
| A | F | R | I | K | A |   | R | U |   | E |
|   |   |   | I |   |   |   | G |   |   | S |
|   |   |   | L |   |   |   | L |   |   | T |
|   |   |   |   | L |   |   | I |   |   | L |
|   |   | P | R | I | M | A | T | E | N | I |
|   |   |   |   |   |   |   | G |   |   | C |
|   |   | Ö | S | T | L | I | C | H | E | R | H |
|   |   |   |   |   |   |   |   |   |   | E |
|   |   |   | K | I | N | G | K | O | N | G | R |
| S | I | L | B | E | R | R | Ü | C | K | E | N |

# Quellen

**"Oldest Living Gorilla In Captivity"**. 2019. Guinness World Records. https://www.guinnessworldrecords.com/world-records/89861-oldest-living-gorilla-in-captivity

**"A Carthaginian Exploration of the West African Coast"**. Archived from the original on 14 March 2017.

**"Gorilla** - Wikipedia". 2021. En.Wikipedia.Org. https://en.wikipedia.org/wiki/Gorilla.

**"Western Lowland Gorilla - Wikipedia"**. 2021. En.Wikipedia.Org. https://en.wikipedia.org/wiki/Western_lowland_gorilla.

**"Types Of Gorillas"**. 2021. Home.Adelphi.Edu. https://home.adelphi.edu/~al21824/Types%20of%20Gorillas.html#:~:text=Western%20Lowland%20Gorilla,-The%20Western%20Lowland&text=Compared%20to%20other%20subspecies%2C%20they,the%20last%2020%2D25%20years.

**"Mountain Gorilla - Wikipedia"**. 2021. En.Wikipedia.Org. https://en.wikipedia.org/wiki/Mountain_gorilla.

**"Animals: Gorilla"**. 2021. Ducksters.Com. https://www.ducksters.com/animals/gorilla.php.

**"What Is A Baby Gorilla Called? Baby Gorilla"**. 2020. Wild Gorilla Safaris. https://www.wildgorillasafaris.com/facts-about-gorilla-facts/what-is-a-baby-gorilla-called/.

**"All About The Gorilla - Birth & Care Of Young | Seaworld Parks & Entertainment"**. 2021. Seaworld. Org. https://seaworld.org/animals/all-about/gorilla/care-of-young/#:~:text=Females%20usually%20give%20birth%20around,6%20offspring%20in%20a%20lifetime.

**A-Z, Animals, Animal 10s, Most Endangered, Highest Jumpers, Longest Living, Endangered Change, and Unusual Habits et al. 2021. "Amazing Facts About Gorillas** | Onekindplanet Animal Education & Facts". Onekindplanet. https://onekindplanet.org/animal/gorilla/.

**"Koko (Gorilla) - Wikipedia"**. 2021. En.Wikipedia.Org. https://en.wikipedia.org/wiki/Koko_(gorilla).

**"10 Facts About Gorillas"**. 2021. FOUR PAWS International - Animal Welfare Organisation. https://www.four-paws.org/campaigns-topics/topics/help-for-orangutans/10-facts-about-gorillas.

**"50 Interesting Facts About Gorillas"**. 2019. Green Global Travel. https://greenglobaltravel.com/facts-about-gorillas/.

Wir hoffen du hast ein paar spannende Fakten über Gorillas gelernt!

Welcher war dein Favorit? Wir würden das gerne von dir in einer Bewertung erfahren.

Besuche uns auf www.bellanovabooks.com/books/deutsch für noch mehr großartige Bücher.

*DAS ULTIMATIVE GORILLABUCH*

# Auch von Jenny Kellett

# ...und mehr!

www.ingramcontent.com/pod-product-compliance
Lightning Source LLC
LaVergne TN
LVHW050141080526
838202LV00062B/6551